ग़ज़ल-संग्रह

कश्तियों वाला सफ़र

कश्तियों वाला सफ़र

सत्यमोहन वर्मा

लोकभारती प्रकाशन

लोकभारती प्रकाशन
पहली मंजिल, दरबारी बिल्डिंग, महात्मा गांधी मार्ग
प्रयागराज-211 001

वेबसाइट : www.lokbhartiprakashan.com
ईमेल : info@lokbhartiprakashan.com

शाखायें : 1-बी, नेताजी सुभाष मार्ग, दरियागंज
नई दिल्ली-110 002
अशोक राजपथ, साइंस कॉलेज के सामने
पटना-800 006
1, अनमोल सोराबजी संतुक लेन, धोबी तलाव,
मरीन लाइंस, मुम्बई-400 002

पहला संस्करण : 2023

मूल्य : ₹395

विकास कंप्यूटर एंड प्रिंटर्स
ट्रॉनिका सिटी-201 102
द्वारा मुद्रित

KASHTIYON WALA SAFAR
Ghazals by Satyamohan Verma

ISBN : 978-81-19133-89-5

प्रिय बिटिया सोनल एवं दामाद अनुराग
को
असीमित तथा आत्मीय प्यार सहित

क्रम

इक सजग दृष्टि भी चाहिए

जिस दिन सूर्य की प्रथम किरण ने मानसरोवर में कमल की पाँखुरियों को मुस्कुराने की दीक्षा, सागर की लहरों को तट की ओर प्रस्थान करने की प्रेरणा और नदियों के जल को कलकल का संगीत दिया, आकाश को पंछियों का कलरव और मिट्टी को सुगन्ध की सौगात प्रदान की, पवन को स्पर्श का गुण और अग्नि को रूप प्रदान किया, तभी से, हाँ तभी से प्राणियों के हृदयों को, निरन्तर चलनेवाली धड़कनों के स्पन्दन के साथ एक लय का प्रसाद भी मिला। इसी अन्तर्लय ने जब शब्द का रूप लिया तो वह कविता बनी। इसी अन्तर्लय में जब कवि की अपनी अनुभूतियों की थिरकन, दूसरों के अनुभवों का स्पन्दन और फिर इनको अभिव्यक्त करने की उमंग का समन्वयन हुआ तो ये मधुर समन्वयन ही कविता बना।

कविवर श्री सत्यमोहन वर्मा जी को साहित्य-जगत का कौन-सा प्राणी है जो न जानता हो। सत्यमोहन वर्मा ने बचपन से ही सत्य को मोहन बनाकर अपने हृदय के सिंहासन पर बिठा लिया था। स्कूल से लेकर सागर विश्वविद्यालय तक वे इसी सत्य के मोहन की बाँसुरी की टेर सुनते रहे। फिर चाहे वह काव्य-मंच हो या अभिनय का मंच, छोटी कवि-गोष्ठियाँ हों या बड़े कवि सम्मेलन, इन सब में कभी कवि के रूप में, कभी संयोजक के रूप में एवं कभी संचालक के रूप में इनकी

शानदार भागीदारी रही। प्रो. कान्ति कुमार जैन जैसे सुकवि मित्र जिसे मिल गये हों, भवानी दादा जैसे वरिष्ठ साहित्यकार का आशीर्वाद प्राप्त हो गया हो, दुष्यन्त कुमार, शंकर शैलेन्द्र और प्रो. मनोहर वर्मा का सान्निध्य प्राप्त हुआ हो, वह विशेष तो होंगे ही। किन्तु वर्मा जी की यह विशेषता रही है कि वे एक ऐसे विशेष व्यक्तित्व हैं, जो बहुत साधारण बनकर रहे हैं और सामान्य बनकर रहने में जिन्हें गर्व की अनुभूति होती है।

उनके स्वाभिमान ने उन्हें किसी भी सम्मान को प्राप्त करने के लिए निवेदन करने के लिए प्रेरित नहीं किया। उन्होंने हमेशा यही कहा कि माँगकर कोई इनाम लिया तो क्या लिया। सम्मान तो हमारी योग्यता देखकर कोई दूसरा दे तब ही उसकी शोभा और सार्थकता है। शायद इसी बात को सोचकर वे अपनी एक ग़ज़ल में स्वयं को इस रूप में व्याख्यायित करते हैं—

हम समय के मौसमी रिश्ते नहीं हैं
या दरख़्तों से गिरे पत्ते नहीं हैं

सत्यमोहन जी ने कविता के क्षेत्र में भी अपनी धाक जमाई।

ऐसे विलक्षण व्यक्तित्व वाले रचनाकार ने काव्य की अनेक विधाओं में अपनी रचना-धर्मिता का परिचय दिया। इनका ग़ज़लकार वाला स्वरूप भी अपनी पूरी तैयारी से आया और अपनी चमत्कृत कर देनेवाली शाइरी से काव्य-प्रेमियों के हृदय में जगह बना ली।

ग़ज़ल विधा जो फारस और ईरान से हिन्दुस्तान में आई और प्रारम्भ में हिन्दवी और बाद में 'हिन्दी' में जानी गई। दुष्यन्त के माध्यम से इसने एक नया रूप ग्रहण किया। ऐसा रूप जिसमें व्यंग्य का तेवर और व्यवस्था के प्रति आक्रोश का स्वर प्रधान था। उसी स्वर को शाइर सत्यमोहन वर्मा जी ने भी अपनाया और प्रतीकात्मक भाषा में ग़ज़लें कहीं। इस सन्दर्भ

का इनका एक यह शेर देखें जिसमें सत्ताधीशों पर करारा व्यंग्य किया गया है—

कश्तियों वाला सफ़र था और हम थे
नाख़ुदाओं का भी डर था और हम थे

यहाँ नाख़ुदा यानी कि मल्लाहों को सत्ताधीशों का प्रतीक बनाकर उन पर व्यंग्य किया गया है। नहीं तो 'नाख़ुदाओं' का डर किसलिए? मल्लाह ही जब नाव डुबाने को आमादा हो जायें तो फिर तूफानों से कौन रक्षा करेगा।

कवि का प्रथम धर्म ही यह है कि वह निर्भीक होकर सामान्य जनता की, शोषितों की पीड़ा को समझे और उनको पीड़ा पहुँचानेवालों को साहित्यिक भाषा में जवाब दे। सत्यमोहन जी ने यही किया है। इनका उपर्युक्त शेर इसका साक्षी है। इसमें 'और हम थे' में 'हम' आम जनता का प्रतीक है। यही नहीं वे तथाकथित सत्ताधीशों पर यह आरोप भी लगाते हैं कि जब सामान्य-जन को कोई आशा की किरण मिलनेवाली होती है, तभी कोई ऐसी बात आ जाती है, कोई ऐसी साजिश हो जाती है कि ख़ुशियाँ आते-आते रह जाती हैं। इस तथ्य को कवि ने बहुत संयत ढंग से इस प्रकार कहा है—

जब नज़र आने लगीं थीं बस्तियाँ
नाख़ुदाओं ने डुबा दीं कश्तियाँ

लेकिन भले ही नाख़ुदाओं ने कश्तियाँ डुबा दी हों, कुछ ऐसे मुसाफ़िर भी होते हैं जो डूबते-डूबते भी एक नया इतिहास रच जाते हैं। कवि ने उनकी ओर इशारा करते हुए यह कहा—

डूबनेवाला बहुत जाँबाज़ था
बात करते हैं किनारे आज तक

कवि फिर नाख़ुदाओं पर व्यंग्य साधते हुए यह कहता है कि इतना ही नहीं, वरन् जिनको सहारा दिया था, उन्होंने ही अपाहिज बना दिया—

वे हमें बैसाखियाँ देकर गये
हम रहे जिनके सहारे आज तक

और फिर आमजन के रात-दिन सब के सब एक अलग प्रकार के डर में बीतने लगे—

रात दिन सारे के सारे आज तक,
वहशते दिल पर गुज़ारे आज तक

हम सब जानते ही हैं कि ग़ज़ल का प्रमुख विषय प्रेम ही रहा है। ग़ज़ल का शाब्दिक अर्थ ही 'औरतों से गुफ़्तगू' होता है। ग़ज़ल दरअसल प्रेम की उस बातचीत का नाम है, जिसमें प्रेम की तड़प, आहें और आँसू का साम्राज्य रहता है। यह बात अलग रही कि कहीं-कहीं यह व्यक्तिगत प्रेम आध्यात्मिक प्रेम में परिवर्तित हो जाता है। यदि कोई शेर आध्यात्मिक प्रेम से जुड़ जाता है तो उसे ग़ज़ल की भाषा में 'मार्फत' का शेर कहते हैं। इसी बात को दृष्टिगत रखकर मैंने एक स्थान पर ग़ज़ल को परिभाषित करते हुए यह कहा—

बिजली की तड़प भी है, गिरता हुआ पानी भी
बरसात का मौसम है यह अपनी कहानी भी
कहते हैं ग़ज़ल जिसको, यह शय तो हक़ीक़त में
आशिक का बयाँ भी है और संत की बानी भी

सचमुच ग़ज़ल एक ओर माशूक अर्थात् प्रिय की सौन्दर्य-गाथा है तो दूसरी ओर प्रेमी के अपने प्रिय के प्रति किये गये प्रेम का समर्पण-भाव भी। यह प्रीति जब हृदय में आ बसती है

तो प्रिय के मन की ललक कविवर सत्यमोहन के शब्दों में इस रूप में व्यक्त होती है—

बाँसुरी गुनगुनाती रही रात भर
सुबह तक गीत गाती रही रात भर

यह बाँसुरी कुछ और नहीं, प्रिय के प्रति निनादित प्रीति की हृदय-बाँसुरी ही है। इसे ज़रा सा भी आध्यात्मिक रंग दे-दें तो यही शेर परमात्मा के प्रति किये गये समर्पण-भाव का संगीत बन जाता है।

आध्यात्मिक पुरुषों ने इस जगत को और दुनिया में आये हुए व्यक्ति की ज़िन्दगी को एक गहरी रात बताया है और दुनिया से जाने को सुबह बताया है। इस प्रकार उपर्युक्त शेर अचानक 'मार्फ़त' अर्थात् अध्यात्म की ओर चल पड़ता है। और एक महत्वपूर्ण शेर बन जाता है।

कवि का हृदय संवेदना से भरा होता है इसलिए वह स्वयं कष्ट सहकर भी दूसरों को सुखी करना चाहता है। वह स्वयं काँटों में रहकर दूसरों को फूल बाँटता है। कवि सत्यमोहन भी अपने स्वभाव को बताते हुए यह कहते हैं—

तिनकों की जगह मैंने काँटों से घर बुना
काँटों की जगह बाँटे हमने गुलाब यारो

अच्छे इनसान की यही तो सही पहचान है। और यह पहचान हमारे प्रिय कवि सत्यमोहन की भी है। इन्होंने संकेत में उन लोगों की व्यथा को उजागर किया है जो अपने हक़ के लिए हमेशा ही तरसते रहे। बहुत ही सुन्दर और सार्थक प्रतीकों के माध्यम से इन्होंने आम आदमी की व्यथा को स्पष्ट कर दिया।

अन्त में, मुझे यह कहते हुए परम हर्ष का अनुभव हो रहा है कि मुझे एक ऐसे वरिष्ठ रचनाकार के बारे में और उनकी ग़ज़लों

के बारे में कहने का अवसर मिला, जिसने जीवन के अनुभवों को अनुभूत करके उन्हें सरल, सहज तथा प्रसादगुण सम्पन्न भाषा मे अभिव्यक्त किया, जिस रचनाकार ने अपनी ग़ज़ल को उस तग़ज़्ज़ुल की खनक दी जिसके होने से ग़ज़ल वास्तव में ग़ज़ल की गरिमा को प्राप्त करती है। उनका छन्द-विधान, उनकी बह्र, उनके रदीफ़, उनके क़ाफिये, उनकी भाषा, उनकी शेरियत, उनकी कहन, उनकी प्रस्तुति, उनका मिज़ाज़ ये सब मिलकर उन्हें एक बड़ा ग़ज़लकार सिद्ध करते हैं। इतने बड़े रचनाकार, मेरे अग्रज, स्वाभिमान से जीनेवाले ईमानदार व्यक्तित्व और अपनी रचना-धर्मिता में बिलकुल अनूठे कवि सत्यमोहन जी के स्वस्थ और दीर्घायु होने की कामना करते हुए आशा करता हूँ कि उनकी अन्य पुस्तकें भी पाठकों तक पहुँचकर उन्हें लाभान्वित करेंगीं। मैं अपनी बात उनके ही एक बहुत प्रसिद्ध शेर से खत्म कर रहा हूँ। शेर यह है—

सबका चुका दिया है मैंने हिसाब यारो
अब बन्द कर रहा हूँ अपनी किताब यारो

2-एफ-51-नेहरू नगर
गाजियाबाद (उ.प्र.) 201001

डॉ. कुँअर बेचैन

सत्य की ग़ज़लें

सत्यमोहन वर्मा और मेरी मित्रता आधा दर्जन दशक से जारी है। हमारे बीच सम्वाद का सेतु हमेशा कायम रहा है। कविता उसके पूर्वजों ने भी लिखी है। एक तरह से यह प्रतिभा और परम्परा का प्रतीक भी है। हर व्यक्ति अपनी सांस्कृतिक परम्परा से प्रेरित होकर अपने निजी योगदान द्वारा उस परम्परा को सशक्त करता चलता है। सत्यमोहन के नये ग़ज़ल संकलन में से आप कोई भी एक दाना चखकर बता सकते हैं कि चावल (भात) गला है या नहीं। कहावत है कि चावल और शराब जितनी पुरानी होती है, उतनी नायाब व विरल मानी जाती है।

ग़ज़ल का उद्गम उस भौगोलिक क्षेत्र से है जहाँ से कुछ मज़हबों का उदय भी हुआ है। इनमें निहित कुरीतियों और इनके अनचाहे, इनसे जन्में अन्धविश्वास के ख़िलाफ ग़ज़ल एक विद्रोह है।

एक लम्बे दौर तक ग़ज़ल रूमानी भी रही है। इस माध्यम का उपयोग अनेक भाषाओं ने किया है। हमारे यहाँ गुजराती भाषा में भी ग़ज़ल कही गई हैं। हिन्दी में दुष्यन्त कुमार ने ग़ज़ल का उपयोग करके समाज में व्याप्त अन्याय व असमानता पर कटाक्ष किया है। इसी तरह सत्यमोहन वर्मा अपने ताज़े संकलन में लिखते हैं—

गूंगे बहरे समाज को भोगा
हमने काँटों के ताज को भोगा

भ्रम के आकाश में कपोतों ने
लोक मंगल के बाज को भोगा।

इस यातना भरे काल-खंड में भी वे नाउम्मीद नहीं—

हम को अहले वतन से मतलब है
राजा रानी रहे, रहे न रहे,

सत्यमोहन वर्मा के इस संकलन को मोटे तौर पर तीन हिस्सों में बाँटा जा सकता है। कुछ ग़ज़लों में अतीत की स्मृति है—

और जो मिल न सका
उसे पाने का स्वप्न भी है

दूसरे हिस्से में वे ग़ज़लें हैं जो मौजूदा व्यवस्था की निर्ममता और असहिष्णुता को रेखांकित करती है। तीसरे हिस्से में वे ग़ज़लें हैं जो मनुष्य के साहस और आशावाद को प्रस्तुत करती हैं। एक आहत आत्मा की चीत्कार है और साथ ही यह भी कि अभी सभी कुछ ख़त्म नहीं हुआ है।

कविता सत्यमोहन वर्मा का कवच है और साथ ही कमज़ोरी भी है कि कहे बिना रहा ना जाये। इस तरह संकलन का शीर्षक 'कश्मकश' भी हो सकता था। ज्ञातव्य है कि गुरुदत्त ने 'कश्मकश' नामक कथा लिखी थी जिससे प्रेरित रही उनकी फिल्म 'प्यासा'। ईश्वर करे कि सत्यमोहन की प्यास बनी रहे और वह काले कौऐ के काटने से डरते हुए सत्य बयाँ करते रहें।

जयप्रकाश चौकसे

ई-11-एच.आई.जी.
रविशंकर शुक्ल नगर
इन्दौर (म.प्र.) 452008

हम कबीराना रिवाज़ों के सिपाही हैं

आधुनिक ग़ज़ल की धारणा में समाज और जीवन केन्द्रित है। इन ग़ज़लों में निजी अनुभूतियों और संवेदनाओं के साथ मानवीय जीवन मूल्यों के प्रति कटिबद्धता भी है। वस्तुत: यह एक आयातित विधा है जिसका व्याकरण काफी जटिल है। अपनी विकास-यात्रा के साथ ग़ज़ल परिपक्व हो चुकी है।

प्रारम्भ से ही मेरी रुचि पठन और अध्ययन की थी। धीरे-धीरे लेखन भी इसमें समाहित होता गया। विश्वविद्यालयीन वर्षों में गीत और रुबाइयों के साथ यह प्रौढ़ होता गया। श्री सूर्य भानु गुप्त और श्री भवानी शंकर मालपाणी की ग़ज़लें मुझे बहुत अच्छी लगती थीं। फिर अभिन्न मित्र दुष्यन्त कुमार से सम्पर्क में आया और उनकी उद्वेलित करनेवाली ग़ज़लों को सुना और पढ़ा। यकायक देखा-देखी मैंने भी ग़ज़लें लिखना शुरू किया। भाई महेश 'अनघ' के प्रोत्साहन ने मुझे आगे बढ़ाया और फिर यह क्रम गति पकड़ता चला गया। जैसा कि मैंने कहा, मैं बहुत कम लिखता हूँ इसलिए मेरी ग़ज़लों की संख्या भी कम है। मेरी ग़ज़लों की कोई विशिष्ट ज़मीन नहीं है। दिल और दिमाग़ की दस्तक पर ही इनकी रचना हुई है।

यह हम सब महसूस कर रहे हैं कि हम निरन्तर संवेदन शून्य होते जा रहे हैं और इससे जनित हमारी अभिव्यक्ति, इसी का परिणाम है। आधुनिक समाज में प्रेम, रिश्ते, विचार, यथार्थ

और आदर्श सब परिवर्तित हो रहे हैं। इस परिवेश का प्रभाव लेखन पर पड़ना अनिवार्य होता जा रहा है।

इन ग़ज़लों को लेकर मेरा कोई दावा नहीं है। हाँ, इतना अवश्य है कि इन्हें पूरी ईमानदारी के साथ लिखा गया है। वैसे भी डॉ. कुँवर बेचैन और श्री जयप्रकाश चौकसे ने इनके बारे में यथेष्ठ लिख दिया है। इनका भावबोध शायद बहुत व्यापक न हो किन्तु ये मात्र एकान्तिक भी नहीं हैं। इनकी चेतना के दरीचे ज़िन्दगी की ओर ही खुलते हैं।

यह संकलन दो वर्ष पूर्व ही प्रकाशित हो जाना था किन्तु कोरोना की विभीषिका और मेरी अस्वस्थता ने ऐसा नहीं होने दिया। इस बीच सम्मान्य कुँअर बेचैन और प्रिय जयप्रकाश चौकसे भी इस दुनिया को छोड़कर चले गये। मैं उनकी पुण्य स्मृति को प्रणाम करता हूँ। इस प्रकाशन में पुत्री सोनल और पुत्र द्वय अभिषेक और आशुतोष ने खूब सहायता की उसके लिये उन्हें आशीष।

पांडुलिपि तैयार करने में 'आधारशिला संस्थान, दमोह' के संस्थापक प्रियवर डॉ. अजय लाल के सौजन्य से, श्री रीतेश मालवीय के परिश्रम की भी मैं दिल से सराहना करता हूँ।

समस्त आत्मीयजनों के प्रति कृतज्ञता ज्ञापित करते हुए, यह संकलन आपके हाथों में सौंपता हूँ।

सदैव सा

सत्यमोहन वर्मा

'वर्मा-निवास', असाटी वार्ड नं. 2
दमोह (म.प्र.) 470661

कश्तियों वाला सफ़र

1

कश्तियों वाला सफ़र था और हम थे
नाख़ुदाओं का भी डर था और हम थे

सोच में डूबे हुए थे और गुम सुम
धड़ के ऊपर एक सर था और हम थे

शाम से तन्हाइयाँ आ कर जकड़तीं
मुब्तला यादों से घर था और हम थे

थी बहुत दिल में उड़ानों की हवस
हाथ में तितली का पर था और हम थे

घूमती थी ज़िन्दगी कश्कोल ले कर के
आबोदाना मुंतज़र था और हम थे

बेरहम इन बिजलियों का, आस्माँ का
बादबानो का क़हर था और हम थे

बहुत मीठा बोलता था यार अपना
बात में उसकी ज़हर था और हम थे

2

आपदाओं की डगर में हैं
चक्रवातों-से समर में हैं।

परिचितों की सूचियाँ लेकर
एक बेगाने शहर में हैं।

पत्थरों के आचरण वाली
आस्थायें काँच घर में हैं।

हम अपाहिज़ रौशनी के संग
अन्ध कूपों के उदर में हैं।

मोतियों की खोज में व्याकुल
चन्द मछुवारे भँवर में हैं।

एक तिनके की तरह तन्हा
महा-सागर की लहर में हैं।

कुल मिलाकर झूठ और मौतें
आज की ताज़ा ख़बर में हैं।

3

नज़रें तो चार कीजिए अहले जहान से
नीचे तो ज़रा आइए ऊँचे मचान से।

सड़कों पे पल रहे हैं वो भी हैं आदमी
उनका भी एक रिश्ता है घर से मकान से।

सरकारी फ़ाइल में उगे या खेत में फ़सल
हम को तो रेत ही मिली राशन दुकान से।

हम सब के लिए आप सहर खोज रहे हैं
कब तक यूँ ही बहलाओगे झूठे बयान से।

ना जाने ये कैसा ख़ौफ तेरे दिल पे छा गया
वरना तो नहीं डरते थे तुम इम्तहान से।

बादल का एक टुकड़ा नहीं जिसकी कोख में
पानी की है उम्मीद उसी आसमान से।

कितने अजीब लोग हैं जागे हुए तो हैं
खोलेंगे नहीं आँख पर पहले अज़ान से।

4

दरवाज़े खड़े हुए लोग
चौखट में जड़े हुए लोग।

सूर्य गीत लिखने का मन
कालिख़ में मढ़े हुए लोग।

सोने के पिंजरे की धुन
तोतों से पढ़े हुए लोग।

बन्जारे सपनों का पन्थ
खूँटी से गड़े हुए लोग

सिरहाने क्रान्ति का कफ़न
मुर्दों से पड़े हुए लोग।

गरिमा के बोध का प्रभाव
ख़ुद के सिर चढ़े हुए लोग।

रेत में छिपाकर के सिर
आँधी से लड़े हुए लोग।

5

ओस बूँदों-सा निखरना चाहता हूँ मैं
एक ख़ुशबू-सा बिखरना चाहता हूँ मैं।

हरित वन निर्झर नदी हिम घाटियों के
रूप जैसा ही सँवरना चाहता हूँ मैं।

प्यास होंठों पर लिये मरुभूमि की
महासागर में उतरना चाहता हूँ मैं।

नील नभ के जगमगाते काग़ज़ों पर
मेघ कविता-सा उभरना चाहता हूँ मैं।

राजपथ, जनपथ, सभी ये चौक-गलियाँ
नाम तेरे कर गुज़रना चाहता हूँ मैं।

सुन ज़िन्दगी तुझसे किये थे जो कभी
अपने वायदों से मुकरना चाहता हूँ मैं।

भर कर इबादत से तुम्हारी अंजुरी
अब तथागत-सा विचरना चाहता हूँ मैं।

6

जान लेवा मुश्किलों को पार कर
आ सके इस दौर तक, आभार कर।

हर घड़ी है हादसों की यहाँ सम्भावना
उनसे लड़ने का अहद तैयार कर।

जिन्स बन के रह गया जो आदमी
उससे कह दे बिकने से इनकार कर।

आ गई है द्वार तक अब ये लड़ाई
अब तो अपना हौसला हथियार कर।

रहबरों की चालबाजी मिटा देगी तुझे
उठ के अपने सपनों को साकार कर।

जो भी हक़ हैं चल उन्हें हासिल करें
अपनी क़ूबत पर ज़रा एतबार कर।

अब एक ही उम्मीद है दौरे-अलम में
यातना को युद्ध-सा स्वीकार कर।

7

सिर पर ग़मे हयात् की चादर तनी है
और फ़ज़ाओं में अजब-सी सनसनी है।

चल रहीं गर्दन उठाये जो गगन में
उन हवाओं की दियों से दुश्मनी है।

यूँ फ़लक़ पर कहकशां छिटकी हुई
ज्यूँ जुगनुओं की बह रही मन्दाकनी है।

नाम बुझने का नहीं लेती ज़रा भी
रौशनी यद्यपि तमस की बन्दिनी है।

भोर का तारा नहीं निकला अभी तक
सोच कर यह रात बेहद अनमनी है।

जब घिरेंगें नेह के बादल उठेगी वह
इस समय तो नींद में सौदामनी है।

है नियत तो सूर्य को उगना पड़ेगा
जानता है वह धरा यह अधबनी है।

8

वो दूर ही रहते सदा मशालों से
क्योंकि उनको परहेज़ है उजालों से।

उन से गर मिलना हो तो शर्त है इतनी
उन को तंग करना नहीं सवालों से।

तुम्हारे तसव्वुर में कुछ इस तरह डूबे
तेरा चेहरा जाता नहीं ख़यालों से।

उस को देखा तो इक मुजस्मा-सा लगा
मेरा तो सामना हो गया कमालों से।

तू है अवध की शाम बनारस की सुबह
पूछकर देख लिया है मैंने मिसालों से।

ये कौन रच गया है अजन्ता की तरह
इक रूदाद झाँकती है इन दीवालों से।

तुमने अपने हाथों जिन्हे सहेज कर भेजा
ख़ुशबू जाती ही नहीं यार उन रूमालों से।

9

जब भी मानी ख़्वाबों की बात मानी है
हमने कब किताबों की बात मानी है।

अभी भी मुंतज़िर है एक ख़ुशबू के लिए
उसने कब गुलाबों की बात मानी है।

शुभ-लाभ के व्यापार की इस महफ़िल में
उँगली वाले हिसाबों की बात मानी है।

हम ने नफ़रत से उबलते सवालों की जगह
प्यार में छिपे जवाबों की बात मानी है।

बनते-बनते बिगड़ गई क़िस्मत उसकी
जिसने जब भी जनाबों की बात मानी है।

असली चेहरे ही गुम हो गये उनके
जब से उसने नक़ाबों की बात मानी है।

यह उम्र का समन्द रुक सकता नहीं कभी
तूने नाहक ख़िज़ाबों की बात मानी है।

10

टूटता यह मुल्क बच जाये कोई तदबीर लिख
बन सके तो दर्द की कोई दवा अक्सीर लिख।

कौन है जो सिर उठाता कौन हक़ को माँगता
हर ज़ुबाँ पर आरियाँ हैं हर क़दम ज़ंजीर लिख।

राख मिट्टी धूल से जो घर बनाकर दे रहा
ऐसे सुन्दर शहर की तू सही ताबीर लिख।

बेचकर के चन्द टुकड़े ख़्वाब के वो चल दिया
अब भले इस जश्न की अख़बार में तहरीर लिख।

भूख ग़ुर्बत झूठ दहशत क्या नहीं हासिल यहाँ
नाम इन सब के सियासत की नई जागीर लिख।

अब तो जग जाहिर हुए हैं कर्णधारों के हिसाब
यार मुन्सिफ़ अब तो सबके जुर्म की ताज़ीर लिख।

तुझ को बतलाने न आयेगा कोई अहले-वतन
तू ही अपना रहनुमा है तू स्वयं तकदीर लिख।

11

समय के शोधकर्ता इन सवालों तक नहीं पहुँचे
करोड़ों लोग जाने क्यों उजालों तक नहीं पहुँचे।

सियासत के तवे पर रोटियों को सेंकने वालों
हमारे हाथ क्यूँ अब तक निवालों तक नहीं पहुँचे।

तुम्हारे हाथ में शासन तुम्हारे साथ बहुमत है
सही क़ानून किस कारण दलालों तक नहीं पहुँचे।

मन्दिर हो या मस्जिद में महाजन हैं इबादत के
वे रब के इल्म और सच्चे ख़यालों तक नहीं पहुँचे।

अँधेरे हो गये काबिज़ हमारी दीन-दुनिया पर
अभी तक दिल जले शोले मशालों तक नहीं पहुँचे।

कि जन सैलाब में ढह जाती है मीनार सत्ता की
ये सत्ताधीश क्यों कर इन मिसालों तक नहीं पहुँचे।

तुम्हारे वायदे भी तो महज धोखे थे शगूफे थे
जो जर्जर हौसलों की नम दीवालों तक नहीं पहुँचे।

12

रात दिन सारे-के-सारे आज तक
वहशते दिल पर गुज़ारे आज तक।

जानते हैं बोल की बाज़ीगरी
किसने तोड़े हैं सितारे आज तक।

वे हमें बैसाखियाँ देकर गये
हम चले जिनके सहारे आज तक।

तुम ही परवाज़ों से पीछे हट गये
अर्श करता है इशारे आज तक।

मृग़ज़लों के आचरण जैसे रहे
वायदों के सच तुम्हारे आज तक।

महज़ पागलपन जला बैठा जिन्हें
बुझ नहीं पाते शरारे आज तक।

डूबनेवाला बहुत जाँबाज़ था
बात करते हैं किनारे आज तक।

13

बिगड़े हुए हालात दिखायेंगे हमीं तो
और जलते सवालात उठायेंगे हमीं तो।

तूफ़ाने समन्दर से बच जाओगे फिर भी
इस घर के बवंडर से बचायेंगे हमीं तो।

जो मानकर के बैठ गया ख़ुद को मसीहा
उसको सही औक़ात दिखायेंगे हमीं तो।

जिन फ़ैसलों पर लोग करते हैं वाह-वा
महफ़िल है फ़रेबों की जतायेंगे हमीं तो।

जिसकी नीयत में खोट बन्दिशें हैं सोच में
उसकी अक़्ल से पर्दा हटायेंगे हमीं तो।

वो उँगलियों पर सबको नचाता है मज़े से
उसको अवामी धुन पर नचायेंगे हमीं तो।

जो अब भी नहीं जागे गफ़्लत की नींद से
तुम को तुम्हारे हक़ में जगायेंगे हमीं तो।

14

बेवजह जो भी चिराग़ जलते हैं
हर समय वे ही धुआँ उगलते हैं।

ज़िन्दगी की आँच जब लगने लगे
मोम के मानिन्द हम पिघलते हैं।

जिनको नहीं होती चलने की तमीज़
बीच रस्तों में वो फिसलते हैं।

जो रेत की बुनियाद पर खड़े होंगे
वो महल बर्क़ से दहलते हैं।

उन से क्या उम्मीद राहत की करें
ख़ुद ही जो तूफ़ान से मचलते हैं।

हुनर पर अपने नहीं जिनको यक़ीं
उनके ही चेहरों के रंग बदलते हैं।

दायरों में जो सिमट के बैठ गया
उसके ही अरमान कम निकलते हैं।

15

गिरना भी है और सँभलना है
राहगुज़र पर यूँ ही चलना है।

सूरज सुख वाला हो या दुख का
शाम डूबना सुबह निकलना है।

कितनी भी कोशिश कर डाले तू
तवारीख़ को रोज़ बदलना है।

साहिल कितनी भी तक़रार करे
मौजों को तो सदा मचलना है।

ढाई आख़र की ये सज़ा मिली
रात-रात भर हमें पिघलना है।

झूठी शोहरत, सारे ओहदे
हाथों में से रेत फिसलना है।

उसने वो हालात कर दिये हैं
जीना जैसे ज़हर निगलना है।

16

चाहकर भी आ नहीं पाया
रहगुज़र ने ऐसा भटकाया।

खोये-खोये थे सड़क पर सब
ज्यों हसरतों का दर्द गहराया।

उम्र के इस मोड़ पर किसने
जाने तुमको कैसा बहकाया।

मैं विरासत ले के निकला हूँ
किसको सौपूँ अपना सरमाया।

एक ऐसा भी शज़र तो हो
बन सके जो मेरा हमसाया।

जब भी तेरे द्वार पर पहुँचा
हर बार तेरा अहम् टकराया।

मिन्नतें करती रहीं हैं किश्तियाँ
सुन समन्दर जिन्हें इतराया।

17

कोई भी ऐसा सफ़र होता नहीं
जिसकी आँखों में घर होता नहीं।

क्यों तेरी इस रहनुमाई में बता
यार दरवेशों का दर होता नहीं।

हो अगर बे-आब सहरा की तरह
तिश्नगी का ख़्वाब तर होता नहीं।

हौसला भर हो अगर परवाज़ में
फिर निक़म्मा कोई पर होता नहीं।

आनेवाला हो कि हो गुज़रा बरस
वक़्त के कन्धों पर सर होता नहीं।

जब कभी भी गणित बिगड़ा तो लगा
तक़दीर का यह खेल गर होता नहीं।

जिनने मक़सद कर लिये हों तय शुदा
उन को शमशीरों का डर होता नहीं।

18

हम समय के मौसमी रिश्ते नहीं हैं
या दरख़्तों से गिरे पत्ते नहीं हैं।

तेरे क़दमों की आहट भी नहीं जानें
गये गुज़रे मख़मली रस्ते नहीं हैं।

हम तुम्हारी सरफ़िरी फ़रमाइशों के
पीठ पर लादे गये बस्ते नहीं हैं।

ग़लतियों को छिपाने से मिलेगा क्या
आदमी है आसमानी फ़रिश्ते नहीं हैं।

हम कबीराना रिवाज़ों के सिपाही हैं
मज़हबों के तुग़लकी दस्ते नहीं हैं।

दाम दुनियाँ ने लगाये हैं बहुत कम
या इलाही इतने तो सस्ते नहीं हैं।

जो भी चाहे मेज़ पर अपनी सजा ले
ख़ुशबुओं के सुर्ख़ गुलदस्ते नहीं हैं।

19

अब उमर के पैरहन पर धारियाँ आने लगीं
और दिल में वक़्त की मक्कारियाँ आने लगीं।

जिस चमन के फूल गुलदस्तों में हैं ताज़ा अभी
उस चमन की रूबरू सब क्यारियाँ आने लगीं।

था सलामत जिनकी आँखों में ज़माने का जमाल
अब उसी चितवन में क्यों चिन्गारियाँ आने लगीं।

दिल हुआ कि जा के पूछूँ हाल सब का दोस्तो
तो रास्ते में अनगिनत दुश्वारियाँ आने लगीं।

ज़िन्दगी से जब किये हैं मैंने कुछ टेड़े सवाल
उसके चेहरे पर कुटिल होशियारियाँ आने लगीं।

अब की जब धुँधला रहे हैं आईने उम्मीद के
याद हम को कुछ पुरानी यारियाँ आने लगीं।

यह समापन की घड़ी है सूर्य आ पहुँचा उफ़क़
उसके स्वागत की नज़र तैयारियाँ आने लगीं।

20

जब नज़र आने लगी थीं बस्तियाँ
नाख़ुदाओं ने डुबो दी कश्तियाँ।

आज गिरवी हो गया अपना वज़ूद
इस क़दर हावी हुई हैं हस्तियाँ।

जिसने दिलाया बोलने का हक़ तुम्हें
तुम उसी पर कस रहे हो फ़ब्तियाँ।

भाषणों में रच रहे हो स्वर्ग को
सबका हासिल तालियाँ और मस्तियाँ।

आग गुलशन में लगी है सोच लो
कल चमन में फूल हों ना पत्तियाँ।

जब विदित है सब सचाई यार तो
यही बेहतर मत बढ़ाओ तल्ख़ियाँ।

मुल्क बारूदी बिछौना बन गया है
नहीं सुलगाओ धरम की बत्तियाँ।

21

अंजाम की सारी ख़बर है क्या करें
आगे भी अन्धा सफ़र है क्या करें।

इसलिए वो ख़ूब मीठा बोलता है
क्योंकि नीयत में ज़हर है क्या करें।

यायावरी जब अपनी अज़मत हो गई
अगम शिखरों पर नज़र है क्या करें।

सोच कर हम यह निरन्तर जल रहे
रात का अन्तिम पहर है क्या करें।

आसमानों को खटकते हैं नशेमन
बिजलियों वाला क़हर है क्या करें।

कौन से कोने में खोजें हम जगह
सदन सारा दर-बदर है क्या करें।

जिस जगह चाहे बना लें बस्तियाँ
उनके क़ब्ज़े में शहर है क्या करें।

22

यार जो तेरे बहाने हैं
हमें भी तो आज़माने हैं।

बाँचते ये ज़िन्दगानी के
हसरतों वाले फ़साने हैं।

पत्थरों की बस्तियों में
काँच वालों के घराने हैं।

ये फ़क़ीरों की दुआओं में
रहमतों वाले ख़ज़ाने हैं।

मौत-सी सुनसान वादी में
ज़िन्दगी के आशियाने हैं।

सन्धियाँ करते समन्दर से
पाक नदियों के दहाने हैं।

तल्ख़ राहों के अँधेरों से
जूझते रौशन ठिकाने हैं।

23

जनमत का त्यौहार मुबारक हो
जीतों वाली हार मुबारक हो।

भरी सभा बदनाम कर गया जो
आस्तीनों का यार मुबारक हो।

इस गुलशन की फ़ितरत ऐसी है
फूलों के संग ख़ार मुबारक हो।

उमर कट रही मन की बातों में
व्यथा-कथा का सार मुबारक हो।

उन के डर से आँख नहीं उठती
नफ़रत वाला प्यार मुबारक हो।

चुप रहने पर पुरस्कार हाज़िर
बोले तो तलवार मुबारक हो।

जिन पर लेने कोई नहीं आता
तुम को ऐसा द्वार मुबारक हो।

24

दिल से फ़क़ीर होते
सचमुच अमीर होते।

लोइ की बात सुनते
या रब कबीर होते।

सूरज की तरह जलते
रश्क़े-मुनीर होते।

पढ़ते जो ज़िन्दगी को
ग़ालिब या मीर होते।

ख़ुशबू बिखेरते तो
सुरभित समीर होते।

गर रोज़ मिला करते
तो क्यों अधीर होते।

फागुन से गर दमकते
रंग और अबीर होते।

25

तुमने आने को कहा था
संग निभाने को कहा था।

भोर की पहली किरन तक
झिलमिलाने को कहा था।

ज़िन्दगी की कश्मकश में
आज़माने को कहा था।

कल बड़ी मासूमियत से
मुस्कराने को कहा था।

इस अँधेरे से समर में
घर जलाने को कहा था।

दर्द ने हद पार की तो
गुनगुनाने को कहा था।

उम्र की गंगो-जमुन में
डूब जाने को कहा था।

26

वनपाखी टेर गया भिनसारे ताल पर
अग्नि पुष्प दहक गये टेसू की डाल पर।

बैठ गया शिशिर शान्त अनमना उदास
मोह भरी दृष्टि डाल लेता है शाल पर।

महुओं की गन्ध बीन बहती है पुरवाई
प्यार भरी थपकी दे जाती है गाल पर।

पीत वसन त्याग दिये बौर गई अमराई
चौंक-चौंक जाती है अपने ही हाल पर।

दिल डूबा गीतों से गूँज गई चौपालें
सुख-दुख सारे बिसार ढोलक की ताल पर।

अर्धरात्रि उठ बैठा बेला भी गमले में
सहमा है ख़ुशबू के स्वयं बुने जाल पर।

जीवन गतिमान सतत निर्मोही सरिता-सा
मन चाही रेखायें खींच रहा भाल पर।

27

करने लगे शरारत झौंके समीर के
निर्बंध हो रहे हैं संयम सुधीर के।

हीरे से भर गये हैं राधा की दृष्टि में
स्वर वेणु के सुरीले, श्यामल अहीर के।

विद्रुम लपट ने औचक चूमा पलाश को
घिरने लगे गगन में बादल अबीर के।

बौरा गया है मौसम महुए की गन्ध-सा
स्वच्छन्द हो गये ज्यों बेटे अमीर के।

चैतन्य हो गई है मधुमास की ललक
जैसे विजन जगे हों मन के शरीर के।

सुनती नहीं है माया फागुन की मौज में
कितना भी तुम सुनाओ दोहे कबीर के।

चलती रहेगी चाकी बहता रहेगा जल
पग कौन बाँध पाया रमते फ़क़ीर के।

28

यार कमाल हुए
गाल गुलाल हुए।

दहके टेसू वन
आँगन लाल हुए।

बिखरे कुन्तल मेघ
जी के काल हुए।

फागुन लूट गया
हम कंगाल हुए।

नखत देह दमके
नैन निहाल हुए।

परिचय मौन रहे
व्यर्थ सवाल हुए।

रस की स्पर्धा में
मौर रसाल हुए।

29

स्वर्ण तारों से बुनी हो जालियाँ
यों सुनहरी हो गई हैं बालियाँ।

आम्रवन में गा रही कादम्बरी
ब्याहने आये पवन को गालियाँ।

लाजवन्ती के कपोलों के कमल
धूप में ज्यों गुलमुहर की लालियाँ।

स्वप्न-दृष्टा शुभाशय के वृक्ष की
बोझ से झुकने लगी हैं डालियाँ।

नेह के बिखरे हुए अक्षत लिये
बाट तकती ज़िन्दगी की थालियाँ।

देखकर अदृश्य की बाज़ीगरी
चेतना शिशु पीटता है तालियाँ।

30

किसकी नेकी बदी रही होगी
जो मेरी ज़िन्दगी रही होगी।

वो मेरे ख़्वाब में उफनती है
याद वाली नदी रही होगी।

जाने किसने तुझे है बहकाया
क्या मेरी सादगी रही होगी।

तुझ को इक फ़र्ज़-सा निभाया है
कुछ-न-कुछ बेबसी रही होगी।

रजनीगन्धा-सी जो महकती है
यार की बन्दगी रही होगी।

कल की यादें बड़ी भयानक हैं
आत्महंता सदी रही होगी।

31

है बहुत मन विकल आज मत गाइये
यार देखेंगे कल आज मत गाइये।

आज स्याही में डूबा हुआ हर नगर
हर डगर बद्शकल आज मत गाइये।

लोग सूरज के व्यापार में लग गये
अनमने हैं कमल आज मत गाइये।

रहबरों की इनायत का परिणाम यह
हर नयन है सजल आज मत गाइये।

हाथ मुँह से हटा पेट पर कस लिये
शेष सब है कुशल आज मत गाइये।

अब तो गाने से भी दर्द घटता नहीं
छोड़िये भी ग़ज़ल आज मत गाइये।

32

शख़्स वो संगीत-सा लगने लगा
बिनमिले मनमीत-सा लगने लगा।

कोई भी इसको न समझा पायेगा
क्यों मुझे विपरीत-सा लगने लगा।

इश्क़ की जादूगरी का क्या कहूँ
संगदिल नवनीत-सा लगने लगा।

चोट मन पर इस तरह अंकित हुई
ज़ख़्म कालातीत-सा लगने लगा।

जब इबादत में झुकाया शीश तब
यह जगत हरप्रीत-सा लगने लगा।

रोज़ वह ताज़ा ग़ज़ल-सा गूँजता
सिलसिला जगजीत-सा लगने लगा।

33

रौशनी तरल हुई जाती है
कालिमा धवल हुई जाती है।

तूने घावों को छू लिया होगा
वेदना विमल हुई जाती है।

तूने तो चार दाने फेंके थे
खेत में फ़सल हुई जाती है।

ज़िन्दगी तुझसे सुर्ख़ियाँ ले के
झील का कमल हुई जाती है।

तेरे होठों की गुनगुनाहट भी
यार की ग़ज़ल हुई जाती है।

मैंने दुविधा में हाथ जोड़े थे
कामना सफल हुई जाती है।

34

बाँसुरी गुनगुनाती रही रात भर
नाम तेरा बुलाती रही रात भर।

सुबह तक कोई गीत गाता रहा
एक आवाज़ आती रही रात भर।

आपकी मोरपंखी छुअन का नशा
कहकशाँ डगमगाती रही रात भर।

चम्पई रोशनी में नहा कर निशा
ग़म की कालिख़ छुपाती रही रात भर।

एक तन्हाई से दूजी तन्हाई तक
ज़िन्दगी आज़माती रही रात भर।

याद भर-भर के पैमाने लाती रही
आँख मेरी पिलाती रही रात भर।

35

ज़िन्दगानी रहे, रहे न रहे
शादमानी रहे, रहे न रहे।

वक़्त हँस के गुज़ार दे प्यारे
ये कहानी रहे, रहे न रहे।

धार को देखता है दीवाना
फिर रवानी रहे, रहे न रहे।

खोल दे पाल, इन हवाओं की
मेहरबानी रहे, रहे न रहे।

हौसला कल तेरी उड़ानों का
आसमानी रहे, रहे न रहे।

हम को अहले वतन से मतलब है
राजा रानी रहे, रहे न रहे।

36

यह कहना है यार कठिन
कैसे गुज़रा मेरा दिन।

कहता रहा कथा अपनी
चुभते रहे याद के पिन।

तन तो है मन से रीता
हमदम एक तुम्हारे बिन।

भीड़ भरे चौराहों पर
चेहरों की तकलीफ़ें गिन।

हैं अभाव आगे पीछे
मृगतृष्णा से हैं पल-छिन।

अब तो इन्हें बदलना है
ये लिबास हो रहे मलिन।

37

कह सकें अपना जिसे दिलदार तक कोई नहीं
ज़िन्दगी की राह में गुलज़ार तक कोई नहीं।

बर्फ़ के मानिन्द गलते इन मरासिम के लिए
इक भरा पूरा सहज संसार तक कोई नहीं।

सब तरफ़ ऊँची इमारत का यहाँ है सिलसिला
फिर शहर में क्यों तेरा घरबार तक कोई नहीं।

वक़्त की यह तेज़ आँधी बन्द सारी खिड़कियाँ
था मयस्सर जो वो अब दीदार तक कोई नहीं।

बिक चुकी है अस्मिता पद और सत्ता के लिए
अब मुनसिब न्याय का हक़दार तक कोई नहीं।

इस तरह अनौपचारिक हो गई सब महफ़िलें
अब सभा के अन्त में आभार तक कोई नहीं।

38

जहाँ सिजदा कर सकें दर खोजते हैं हम
उजड़ी हुई बस्ती में शहर खोजते हैं हम।

शीरीं की मुहब्बत में पहाड़ों को छील कर
फरहाद के जज़्बों की नहर खोजते हैं हम।

थी जिनकी फिज़ाओं में एक मज़हबी मिठास
वो बीते हुए दिन वो पहर खोजते हैं हम।

गुस्ताख अँधेरों ने सब कर दिया सियाह
जिसकी न शाम हो वो सहर खोजते हैं हम।

मुफ़्लिस की ग़ज़ल में हैं सब क़ाफ़िये रदीफ़
जो प्यार से बाँधे वो बहर खोजते हैं हम।

जिसको सँभाल के रखा आबे-हयात्-सा
अब उससे तंग आ के ज़हर खोजते हैं हम।

39

हमारी बदनसीबी को भी कोई नाम दे जाओ
अगर मुझसे जुड़े हो तो कोई इल्ज़ाम दे जाओ।

बड़ी उम्मीद थी तुम चल सकोगे आख़िरी हद तक
नहीं दे पाये गर मंज़िल सफ़र नाकाम दे जाओ।

मिलेंगे फिर कभी दुनिया बहुत विस्तारवादी है
अभी तो प्यार से लबरेज़ कुछ पैग़ाम दे जाओ।

मुझे मालूम है सब सामने आने से डरते हैं
यही बेहतर है जो देना है वो गुमनाम दे जाओ।

बहुत बेचैन है रुसवाइयों की भीड़ बस्ती में
बचा लो इनको ज़हमत से इन्हें आराम दे जाओ।

तुम्हीं ने इन चिराग़ों को जलाया था तहेदिल से
अब अपनी इब्तिदा को आख़िरी अंजाम दे जाओ।

40

आसमाँ के ठौर से मेघों का डेरा ले गया
जाने किस के वास्ते बादल घनेरा ले गया।

छोड़कर मुझको समय के शोहदों के बीच में
मेरी फ़ितरत मेरी दौलत इक लुटेरा ले गया।

उसको दुख है ज़हर डूबी उसकी दहशत
बीन वाला कोई जादूगर सपेरा ले गया।

कैसे कैसे हमने जोड़े थे निगाहों में हिसाब
बन के साहूकार ख़्वाबों का बसेरा ले गया।

उसकी किस्मत में हमेशा स्याह रातें ही रहीं
बाँटकर सबको उजाले ख़ुद अँधेरा ले गया।

मेरी चादर रह गई कोरी की कोरी क्या करें
तूलिका और रंग सारे जग चितेरा ले गया।

41

लोग भी कमाल कर गये
क्रान्ति का ख़्याल कर गये।

दुश्मनों से दोस्ताना कर
काम बेमिसाल कर गये।

नफ़रतों की आयतें लिख के
मुल्क को निहाल कर गये।

मन्दिरो-मस्जिद के नाम पर
बस्तियाँ मशाल कर गये।

पंछियों के कतर कर पर
आशियाँ बहाल कर गये।

यार की हिम्मत तो देखिये
हुक्म से सवाल कर गये।

42

झूठ के कल कारख़ाने खोजती हैं
ख़ास ख़बरें कुछ घराने खोजती हैं।

प्रतिशोध का आतंक पैदा कर सकें
आँधियाँ जर्जर ठिकाने खोजती हैं।

आग जंगल में लगायें किस तरह
तीलियाँ सौ-सौ बहाने खोजती हैं।

हौसलों को दफ़्न करना हो अगर
बारिशें भी घर पुराने खोजती हैं।

किस तरह इतिहास को दुहरायें फिर
हस्तियाँ क़ातिल फ़साने खोजती हैं।

पीछे मुड़कर वक़्त की हैरानियाँ
ज़िन्दगी वाले ख़ज़ाने खोजती हैं।

43

मनुज गरिमा की रचाये अल्पनायें
कब तलक साकार होंगी कल्पनायें।

पाँव यात्रा के लिए रह-रह फड़कते
ढो रहे मस्तिष्क लेकिन वर्जनायें।

मूल्यनिष्ठा में चुका सुविधा ख़रीदी
आत्म-हंता हो गई हैं मान्यतायें।

गर्भ में जिसके अपेक्षायें समय की
रह गईं बन्ध्या वही सम्भावनायें।

कौन-सा अपराध ऐसा हो गया जो
कम पड़ीं संसार भर की यंत्रणायें।

धर्म का वनवास ही उपचार होगा
तब फलेंगी मन्थरा की मंत्रणायें।

44

बिन-बिसारे रोज़ तहक़ीक़ात करते हैं
अब भी लहरों से किनारे बात करते हैं।

बह रही अविकल नदी-सी ज़िन्दगी
कुछ भँवर उठकर मगर उत्पात करते हैं।

जीत जाये सच नहीं बरदाश्त कर पाते
साजिशें रच जीत को भी मात करते हैं।

आसमानों की नज़र है आशियानों पर
बिजलियों के साथ में बरसात करते हैं।

उनका ही सिक्का चले बस इस जतन में
रात को दिन और दिन को रात करते हैं।

उसने कैसी मुल्क की तक़दीर लिक्खी है
ख़ुद लूटते हैं और फिर ख़ैरात करते हैं।

45

मछलियाँ ज्यों काँच घर में हैं
हम भी यूँ अपने शहर में हैं।

हर गली में, बाट में, बाज़ार में
अच्छे दिन वाली गदर में हैं।

मुक्ति की सब योजनायें यहाँ
धर्म के मीठे ज़हर में हैं।

रहबरों ने जिस तरह सदमे दिये
लोग अब तक उस असर में हैं।

सब्ज़ वादों की उठाये तख़्तियाँ
सब के सब अन्धे सफ़र में हैं।

काग़ज़ों की किश्तियाँ ले सिरफ़िरे
वक़्त की ज़ालिम भँवर में हैं।

46

पेड़ पर जो फूल काँटे पत्तियाँ हैं
सब हमारे नाम रब की चिट्ठियाँ हैं।

बाँच कर देखो इन्हें तुम ग़ौर से
ये समय की सीख देती नस्तियाँ हैं।

पत्थरों के दिल दिमाग़ों को नसीहत
दे रहीं ये काँच वाली खिड़कियाँ हैं।

इस सियासी दौर की अय्याशियों से
अस्मिता की जंग लड़ती हस्तियाँ हैं।

साहिलों से दूर डूबी इश्क़ में
नाख़ुदाओं की सआदत कश्तियाँ हैं।

सच कहूँ हर यातना को मुँह चिढ़ातीं
मुक्ति का परचम उठाये मुट्ठियाँ हैं।

47

सुख के सवाल दुख के हिसाबों का क्या हुआ
जीवन के गणित वाली किताबों का क्या हुआ।

दरवेश बन के घूम रहे हैं ज्वलंत प्रश्न
हर दर पे पूछते हैं जवाबों का क्या हुआ।

निर्णय की शुभ घड़ी में बहसों के दौर से
दामन छुड़ा के भागे जनाबों का क्या हुआ।

आहट से चौंक जाते हैं सारे सफ़ेद-पोश
घबरा के खोजते हैं नक़ाबों का क्या हुआ।

बदबू के बोझ से दबी ख़ुशबू की सिसकियाँ
अचकन को देखती हैं गुलाबों का क्या हुआ।

जिन पर टिका के पैर थी आरोह की हवस
वे अश्व क्या हुए हैं रक़ाबों का क्या हुआ।

48

इक और नई अदा है मेरे मेहरबान की
उसने भी हदें खींच लीं अपने मकान की।

रहबर हुआ है जब से अचानक वो आदमी
सब क़ीमतें बदल गईं उसकी दुकान की।

उसकी तलाश, उसके जतन, उसके समाधान
शब्दों से ढाँकते हैं सचाई जहान की।

अब सबसे जुदा हो गईं हैं उसकी विधायें
स्वायत्त हो गईं ज्यों हवायें मसान की।

तुमसे तो ये उम्मीद न थी तुम सुनाओगे
परियों की इक कहानी बेपर उड़ान की।

यह हादसा नहीं तो कहो और क्या हुआ
सब गा रहे प्रशस्तियाँ झूठे बयान की।

49

साथ दो रहगुज़र के लिए
ज़िन्दगी के सफ़र के लिए।

एक सजग दृष्टि भी चाहिए
रौशनी के शहर के लिए।

दर्द अपने मुनासिब हुए
रहबरों के हुनर के लिए।

आकलन छोड़कर अर्थ दो
अक्षरों में असर के लिए।

नीड़ विश्वास को सौंप दो
आँधियों के प्रहर के लिए।

आओ संजीवनी खोज लें
आदमी के ज़हर के लिए।

50

बारहा मेरे ख़यालात में आते क्यों हो
मुझको नाकामी का एहसास दिलाते क्यों हो।

मुझसे करनी है नफ़रत तो सलीक़े से करो
नाख़ुदा बन के सफीने को डुबाते क्यों हो।

गिरनेवाला भी मेरे दोस्त सम्हल जाता है
उसको दुनिया की निगाहों में गिराते क्यों हो।

हम तो समझे थे तुम्हें अपना मेहरबाँ लेकिन
मेहरबानी से मुझे यार मिटाते क्यों हो।

जो बुनियाद का पत्थर है बुलन्दी का सबब
उसी पत्थर को हिक़ारत से हटाते क्यों हो।

रौशन हैं अभी पलकों में उम्मीद के दिये
इन चिराग़ों को सरे-राह बुझाते क्यों हो।

51

अक्सर ऐसा कर लेता हूँ
यादों से घर भर लेता हूँ।

फिर उन यादों से जी भर के
बिसरी बातें कर लेता हूँ।

जंगल-जंगल वीरानों में
शैफ़ाली-सा झर लेता हूँ।

जब बात चले अफ़साने की
मुँह पर उँगली धर लेता हूँ।

तुझ पर न कोई आँख उठे
इल्ज़ामों को सर कर लेता हूँ।

तन्हाई के हर मौसम में
जी लेता हूँ मर लेता हूँ।

52

जान कर भी सच नहीं बोला
कभी रस में विष नहीं घोला।

लाख सुख थे और सुविधायें
यह तथागत मन नहीं डोला।

टेरती ही रह गई आकुल नदी
किन्तु तट ने मुँह नहीं खोला।

बर्फ़ के मानिन्द इस दिल में
क्यों दहकता ही नहीं शोला।

वह यकायक हो गया रहबर
तुम रंगा पाये नहीं चोला।

खल हमेशा छल सके जिसको
यार इतना तो नहीं भोला।

53

दर्प की ऊँची इमारत से
देखता सबको हिक़ारत से।

टालता है प्रश्न दुविधा के
राजनय वाली महारत से।

वह बहुत भयभीत लगता है
भीत पर लिक्खी इबारत से।

वक़्त की उड़ती हुई तितली
छेड़ती गुल को शरारत से।

नफ़रतों की बर्फ़ पिघलेगी
प्यार की दिलकश हरारत से।

ठग रहा सबको नुमाइश में
छल कपट वाली तिजारत से।

54

भोगकर अवमानना‌ओं की तपन
हो गये धुँधले सभी जीवन रतन।

हैं बहुत आतुर मेरे सिंगार को
हर डगर महके अभावों के सुमन।

संत की सौगन्ध से रहना परे
ताक में हैं तक्षकों के नागफ़न।

रौशनी भरपूर देकर जायेंगे
छा रहे हैं वायदों के स्याह घन।

स्वर्ग तक तो खींच ही ले जायेंगे
सिर झुका सुनते रहो उनके वचन।

हर इबारत इस तरह बिगड़ी हुई
जिस तरह जम्हूरियत के आचरण।

55

नज़र को चुराऊँ ये सम्भव नहीं है
तुम्हें भूल जाऊँ ये सम्भव नहीं है।

मेरे गीत की गंध तुमसे सुवासित
नहीं गुनगुनाऊँ ये सम्भव नहीं है।

तुम्हारी किरण से मेरे घर उजाले
नहीं जगमगाऊँ ये सम्भव नहीं है।

उनींदे नयन में सजे स्वप्न से तुम
नहीं मुस्कराऊँ ये सम्भव नहीं है।

तुम्हीं साधना हो तुम्हीं साध्य मेरे
नहीं पुण्य पाऊँ ये सम्भव नहीं है।

तेरी सूफ़ियाना ख़ुमारी की महफ़िल
नहीं डगमगाऊँ ये सम्भव नहीं है।

56

सिर्फ़ हैरानी नहीं है ज़िन्दगी
या पशेमानी नहीं है ज़िन्दगी।

जो हदों में ही घिरा रह जाये वो
झील का पानी नहीं है ज़िन्दगी।

एक चेहरा आज भी है ख़्याल में
मुझको बेमानी नहीं है ज़िन्दगी।

अनसुनी कर दे ज़माने की वज़ह
ऐसी मनमानी नहीं है ज़िन्दगी।

तोड़कर हर बाँध बह जाये सहज
मौजे तूफ़ानी नहीं है ज़िन्दगी।

हर किसी की चाह का मरकज़ बने
ताश की रानी नहीं है ज़िन्दगी।

57

गिरता रहा हूँ और सँभलता रहा हूँ मैं
माथे की इबारत सा उभरता रहा हूँ मैं।

आयेगा कभी अपने हक़ में भी फ़ैसला
यह सोच तेरे दर से गुज़रता रहा हूँ मैं।

कुछ यूँ हुआ हूँ क़ाइल परवाज़ का तेरी
धरती पे आसमाँ-सा सँवरता रहा हूँ मैं।

बेख़ौफ़ बाग़बाँ से हूँ काँटों से बेख़बर
फूलों-सा गुलिस्ताँ में निखरता रहा हूँ मैं।

रहता हूँ इरादों के समन्दर के दरम्यान
मौजों की तरह तट पे बिखरता रहा हूँ मैं।

पानी की टेर करती पपीहे की इल्तिजा
सुनकर सदायें उसकी सिहरता रहा हूँ मैं।

58

पीर ने गौतम बनाया
और जी भर आज़माया।

क्या कोई सम्भावना थी
जिसने दुविधा से बचाया।

दर्द की सौदागरी में
अपने घावों को छुपाया।

चन्द लमहों को सही पर
ओस जैसा जगमगाया।

इक अजब उम्मीद लेकर
द्वार हमने भी सजाया।

यार पर कहके ग़ज़ल ये
ज़िन्दगी को गुनगुनाया।

59

आवेग जो आरोह के संबल रहे हैं
वे स्वयं बैसाखियों पर चल रहे हैं।

पांडवों-सी इति मिली है आचरण को
स्वार्थ के हिम पंथ पर वे गल रहे हैं।

यज्ञ जिसमें चेतना समिधा बनी है
हाथ अपने उस हवन में जल रहे हैं।

धूर्तता का मधु पिये हैं व्यवस्थायें
इसलिए अभिशाप सारे फल रहे हैं।

रोज़ दर्पण से चटखते आत्मगौरव
आदमी ही आदमी को छल रहे हैं।

रक्तबीजी हो गई है हर समस्या
इस तरह निष्फल हमारे हल रहे हैं।

60

बेबसी के तंग घेरे की तरह
घुट रहा है दम अँधेरे की तरह।

खो गया रब मज़हबों की भीड़ में
सोन चिड़िया के बसेरे की तरह।

वायदों की करिश्माई बीन पर
वो नचाता है सपेरे की तरह।

धूप से रौशन इरादों के लिए
फूट कर देखो सबेरे की तरह।

ज़िन्दगी के रास्तों पर ताक में
वक़्त बैठा है लुटेरे की तरह।

अपनी मर्ज़ी से हमारे चित्र में
रंग भरता वो चितेरे की तरह।

61

हर ख़ुशी ग़म से निपटकर रह गई है ज़िन्दगी
एक कमरे में सिमटकर रह गई है ज़िन्दगी।

धड़कनों का इस क़दर सैलाब आया क्या कहें
इक सफ़ीने सी उलटकर रह गई है ज़िन्दगी।

एक चेहरा आज भी सुधियों के दर्पण झाँकता
जिसकी यादों से लिपटकर रह गई है ज़िन्दगी।

दौड़ते फिरते थे सपनों को लिये रफ़्तार से
अब हताशा-सी घिसटकर रह गई है ज़िन्दगी।

प्यार के आवेश में लिक्खी इबारत की तरह
हिज्र के हाथों से मिटकर रह गई है ज़िन्दगी।

हम समझते थे समय का अश्व अपने वश में है
उम्र के प्यादे से पिटकर रह गई है ज़िन्दगी।

62

अब जो भी है इस देश में तलवार है यारो
सब झूठ बोलते हैं कि सरकार है यारो।

उत्सव मना रहे हैं वे लाशों के ढेर पर
तहज़ीब और कला के ये फ़नकार हैं यारो।

सौदे हैं सुरक्षा के, क़समें हैं कमीशन की
कितने सटीक अपने हथियार हैं यारो।

क्या जाने कौन हादसा पढ़ने को मिलेगा
डर से छुए जाते नहीं अख़बार हैं यारो।

जिस घर को बुहारा हो मातम की हवा ने
वह घर भी इक जवाब का हक़दार है यारो।

वो सुन भी नहीं सकते सच्चाई की ज़बान
अब इतने तेज़ स्वर में जयकार है यारो।

63

एक राजा का सजा दरबार है
जहाँ आठों पहर जय-जयकार है।

उसके हाथों में हैं सबके फ़ैसले
वही मुन्सिफ़ वही पैरोकार है।

लग रही हैं बोलियों पर बोलियाँ
आज सारा मुल्क इक बाज़ार है।

इक नुमाइश बन गया है आदमी
हर समय बिकने को जो तैयार है।

दर-असल इस कोठरी को यार अब
एक रौशनदान की दरकार है।

देश की चिन्ता में डूबे हैं सुजन
क्योंकि उनके हाथ में अख़बार है।

64

ऐसा अजीबो-गरीब क्यों न हुआ
तू ही मेरा नसीब क्यों न हुआ।

दुश्मनी सब ने निबाही जी भर के
कोई मेरा हबीब क्यों न हुआ।

तेरे इस बेमिसाल फ़न के सदके
मैं भी इसका रक़ीब क्यों न हुआ।

जिसकी ग़ज़लों में ले समय करवट
उस के जैसा अदीब क्यों न हुआ।

जिस ने छू लीं जगत की सच्चाइयाँ
यार उस के क़रीब क्यों न हुआ।

वो जिस पे क़ुर्बान हुई थी रहमत
ऐसा मुक़द्दस सलीब क्यों न हुआ।

65

यार जीवन ज्वार है भाटा नहीं
दर्द केवल इसलिए बाँटा नहीं।

सेतु रचना की विकलतायें लिये
यातना की खाई को पाटा नहीं।

दोस्तों ने ही सुदामा कर दिया
आज घर में एक कण आटा नहीं।

सब क़ुतुब मीनार से ऊँचे मिले
कोई भी कद में यहाँ नाटा नहीं।

था तिमिर के पार सूरज का नगर
तुम न थे अन्धा सफ़र काटा नहीं।

तू कृपण-सी मोल करती रह गई
ज़िन्दगी तुझसे मुझे घाटा नहीं।

66

एक अनबूझ-सी उदासी है
ज्यों सागर में सीप प्यासी है।

भोर की धूप के कपोलों पर
रात के बोझ की उबासी है।

ए! निगेहबाँ तेरी दुनिया में
कोई तो कमी ज़रा-सी है।

तेरी कृपा के हज़ार चर्चे हैं
रंग उनका मगर सियासी है।

या इलाही ये क्या किया तूने
सारे आलम में बदहवासी है।

हो न हो इस अजीब दहशत से
प्यार की ही कोई निकासी है।

67

तू सूरज के उगने तक तो जल
देखें क्या लानेवाला है कल।

देखें कब तक नदी नहीं सुनती
कब तक मनमानी करता है जल।

इस कारा से जब बाहर झाँका
रोते सत्य मिले और हँसते छल।

मोती मिलना दुष्कर काम नहीं
कोशिश कर तो ले हंसों का दल।

जो इन हाथों से फिसल गया है
वह था माणिक जैसा शाही पल।

बीमारों को कड़वी दवा पिला
नासूरों पर निश्तर रखता चल।

68

गूँगे-बहरे समाज को भोगा
हमने काँटों के ताज को भोगा।

भ्रम के आकाश में कपोतों ने
लोकमंगल के बाज़ को भोगा।

अपने अस्तित्व के लिए मर के
एक राजा के राज को भोगा।

न्याय की शौक़िया अदालत में
अन्धे निर्णय के नाज़ को भोगा।

खाक़ होते हाथ मलते मुल्क ने
मुग्ध नीरो के साज़ को भोगा।

हमने खाना बदोश दुनिया में
कल की आशा में आज को भोगा।

69

इस तरफ़ भयभीत प्यासी ज़िन्दगी है
रेत के उस पार पानी की नदी है।

जिन छलों से मुक्ति की प्रस्तावना थी
क्यों उन्हीं को सिर झुकाकर बन्दगी है।

आस्थायें प्रवचनों को सौंपकर के
तानकर चादर पड़ी कायर सदी है।

यह अनय तक़दीर का लेखा समझ
दंश भोगे जा रहे क्या सादगी है।

संपृक्त होकर भी व्यथा गूँगी रही
इस महायुग की भयंकर त्रासदी है।

किसलिए उठती नहीं तेरी नज़र अब
यार बतला ऐसी भी क्या बेबसी है।

70

जब भी सूरज पहाड़ चढ़ता है
बेवजह बादलों से लड़ता है।

घूम जाता है वहीं सूरजमुखी
जिस दिशा में आफ़्ताब बढ़ता है।

आदमी में प्यार का एहसास हो
ख़ुद-ब-ख़ुद वो ज़िन्दगी से जुड़ता है।

इस तरह से डबडबाई आँख कुछ
मेघ ज्यों आकाश में उमड़ता है।

तोड़कर उसको गुज़र जाना ही है
कोई जब दीवार जैसा अड़ता है।

कौन उसको यार समझा पायेगा
कोई जब दिल की किताब पढ़ता है।

71

तुम न मौसम देखना न रुत चले आना
तुझे मिल जाये जब फ़ुर्सत चले आना।

जो मिल पाये नहीं पैग़ाम फिर भी तुम
समझ एहसास को ही ख़त चले आना।

रिवाज़ों में बँधे रहकर भी जीना क्या
अगर करना भी पड़े ज़ुर्रत चले आना।

कट रही है उम्र इक उम्मीद को लेकर
समय फिर दे नहीं मोहलत चले आना।

तुम्हारी मरमरी यादों की जानिब से
तराशा है तुम्हारा बुत चले आना।

जब आना था तभी तुम आ नहीं पाये
कहीं रह जाये न हसरत चले आना।

72

सबका चुका दिया है मैंने हिसाब यारो
अब बन्द कर रहा हूँ अपनी किताब यारो।

मुझको तुम्हारी दुनिया बिलकुल नहीं जँची
पल पल पे माँगती है मुझसे जवाब यारो।

चेहरे छुपा के जीना फ़ितरत-सी बन गई
सबने पहने रखे हैं दिलकश नक़ाब यारो।

जन्नत की राह में था वो लूट का आलम
कोई चाँद ले गया कोई आफ़ताब यारो।

सारी उमर गुज़ारी पानी की आस में
अब आख़िरी समय वो लाया शराब यारो।

तिनकों की जगह हमने काँटों से घर बुना
काँटों की जगह बाँटे हमने गुलाब यारो।